W0099916

Liebe Mütter, liebe Väter, liebe Omas,
liebe Opas, liebe Tanten, liebe Onkel,
liebe Lehrerinnen und Lehrer!

Kinder, die schon gut lesen können, wollen ihre Lesekompetenz auch an längeren Geschichten erproben. Die Bücher sollen sich in Format und Umfang von den Erstlesebüchern unterscheiden.

Die Bücher der G&G-Lesezugreihe für die 3. Klasse bieten den Kindern die optimale Plattform, das Lesen in lustvoller Weise zu trainieren.
Die Geschichten sind mit viel Einfühlungsvermögen und auch Witz in einer altersgemäßen Sprache geschrieben. Durch die liebevoll gestalteten Illustrationen werden Kinder zusätzlich zum Weiterlesen motiviert.

Am Ende des Buches gibt es „Spiel- und Spaß-Seiten" mit altersgerechten Aufgaben und Fragen, die mehr als nur unterhaltsam sind: Sie zeigen, ob das Buch aufmerksam gelesen und verstanden wurde.

Wir wünschen Ihren Kindern viele tolle Leseerlebnisse!

Ihr G&G Verlag
Lesepädagogisches
Lektorat

Besonders möchten wir Sie darauf hinweisen, dass der G&G-Lesezug vom **Österreichischen Buchklub der Jugend** empfohlen wird!

Sabina Sagmeister

Der verschollene Wikinger-Schatz

Mit Illustrationen von
Cornelia Seelmann

G&G

Von Sabina Sagmeister im G&G-Lesezug weiters erschienen:

„Du schaffst das, Ritter Bodo!", Lesezug Vor- und Mitlesen, ISBN 978-3-7074-1657-2
„Piraten-Pia packt an", Lesezug 3. Klasse, ISBN 978-3-7074-2110-1
„Hexe Henriette hext herum", Lesezug 3. Klasse, ISBN 978-3-7074-2263-4

**Begleitmaterial zu diesem Buch finden Sie unter
www.lesezug.at
zum Gratis-Download!**
Weitere Informationen siehe Seite 61.

www.ggverlag.at

ISBN 978-3-7074-2351-8

In der aktuell gültigen Rechtschreibung

1. Auflage 2020

Reihengestaltung: Carola Holland
Illustration: Cornelia Seelmann
Lektorat: Karin Ballauff

Gesamtherstellung: Imprint, Ljubljana

© 2020 G&G Verlagsgesellschaft mbH, Wien
Alle Rechte vorbehalten. Jede Art der Vervielfältigung, auch die des auszugsweisen
Nachdrucks, der fotomechanischen Wiedergabe sowie der Einspeicherung und Verarbeitung
in elektronische Systeme, gesetzlich verboten. Aus Umweltschutzgründen wurde dieses
Buch auf chlorfrei gebleichtem Papier gedruckt.

Inhalt

Der Superwikingerknoten

Wieder einmal hatte Gunnar, der Grimmige, versucht, das Dorf Midstöd einzunehmen. Er war auf der Jagd nach dem verschollenen Schatz, der angeblich hier versteckt sein sollte. Doch Gunnars Krieger hatten die Rechnung ohne Wikingerhäuptling Einar und seine Männer gemacht. Sie verteidigten ihr Dorf mit allen Kräften und schlugen die Angreifer erfolgreich in die Flucht.

Ausgelassen feierten die Midstöder und ihre Familien den Triumph beim Lagerfeuer mit Speis und Trank. Danach lauschten sie bis in die frühen Morgenstunden Jörnson, dem Geschichtenerzähler von Midstöd.

Tags darauf lag die Siedlung verschlafen in
der Sonne. Eine kühle Brise wehte vom Meer
her übers Land.

Bei der Anlegestelle, wo sich große
Drachenboote und kleine Ruderkähne
aneinanderreihten, war Fynn, der
Häuptlingssohn, damit beschäftigt,
Seemannsknoten zu üben. So wurden die

Schiffe und Boote an den Holzpflöcken befestigt, dass sie bei Flut und starkem Wellengang nicht aufs offene Meer hinaustrieben.

Fynn löste einen Knoten nach dem anderen und knüpfte ihn neu. Jetzt ging er ein paar Schritte zurück und betrachtete seinen letzten Knoten am Pflock des größten Ruderboots.

„Was tust du da? Musst du die Boote bewachen?", fragte seine Schwester Hilvi, die plötzlich hinter ihm stand.

Fynn fuhr zusammen.

„Blödsinn! Ich übe. Als zukünftiger Häuptling muss ich doch ein Schiff vertäuen können."

„Stimmt. Aber bis es soweit ist, hilfst du mir

beim Strandfischen fürs Abendessen, nicht wahr? Nach dem Fest gestern sind unsere Vorratskammern komplett leer."

Hilvi deutete auf die beiden Körbe, die sie an Lederriemen kreuzweise umgehängt trug. Fynn seufzte und nickte, und die beiden brachen zur anderen Seite der Insel auf, wo schroffe Felsblöcke aus dem Meeresboden ragten. Unten in der Bucht konnte man bei Ebbe sehr gut Algen, Uferschnecken und Muscheln finden, die sonst vom Wasser überflutet waren.

„Komm, Fynn. Wir müssen uns beeilen. Bald kommt die Flut."

Die Geschwister kletterten von Stein zu Stein und begannen, ihre Körbe zu füllen.

„Schau, Hilvi, hier gibt es sogar Krabben! Aber was ist das?" Aufgeregt fingerte Fynn in den glitschigen Algen herum, um ein glänzendes Etwas zwischen zwei Steinen herauszuziehen.

„Es ist eine Münze! Die hebe ich auf!", schrie er gegen den aufkommenden Wind.

„Vater hat mir erzählt, dass die Seemänner vor dem Ablegen oft eine Münze ins Meer werfen. Das bringt Glück."

Doch Hilvi verdrehte bloß die Augen und begann zurückzukraxeln. Ihr Korb war randvoll. Der Wind peitschte die Wellen inzwischen gefährlich hoch, was Fynn aber nichts auszumachen schien. Er hockte immer noch auf dem Felsen und betrachtete die Münze von allen Seiten.

„Fynn! Die Flut kommt! Schnell weg hier!", brüllte Hilvi.

Sie kämpfte sich gegen den Wind zu ihm zurück und zog ihn am Ärmel von dem Felsen weg. Fynn steckte die Münze in seine Hosentasche und watete, so schnell er konnte, hinter seiner Schwester her in Richtung eines Hügels. Als sie zu den Felsen zurückblickten, hatte die Flut sie schon verschluckt.

„Diese Münze", sagte Fynn begeistert, „ist bestimmt aus echtem Gold. Jede Wette. Ich werde …"

Und während des ganzen Rückwegs hörte er nicht auf, darüber zu reden, was er mit der Münze alles vorhatte. Erst als Hilvi plötzlich stehen blieb, merkte er, dass sie wieder bei der Bootsanlegestelle waren.

„Was ist los?", fragte er.

„Fällt dir nichts auf?"

„Was meinst du, Hilvi?"

„Das kleine Fischerboot ist weg!", rief sie.

„Wie – weg?

Es muss da sein",
erwiderte Fynn.
„Ich habe es
doch mit meinem
Superwikingerknoten
angebunden."

Fynn lief die Anlegestelle
entlang an den Reihen der Boote vorbei.
Sein Herz klopfte heftig. Dann zeigte er mit
ausgestrecktem Arm aufs offene Meer: „Das,
was da draußen auf den Wellen tanzt, kann
es wohl nicht sein, oder?"
Beide hielten die flache Hand über ihre
Augen und blinzelten ins Gegenlicht aufs
Meer hinaus.
„Es sieht aber sehr danach aus", antwortete

Hilvi und fügte trocken hinzu: „Das kriegen wir nicht mehr. Weg ist weg."

„Na, toll", murmelte Fynn betreten.

„Bestimmt war das Seil angerissen oder der Holzpflock morsch. Aber vielleicht merkt Vater es ja nicht …"

„Träum weiter. Vater ist ein wachsamer Häuptling und ein scharfsichtiger Kapitän", entgegnete Hilvi.

„Wie soll ich ihm das bloß beibringen?", jammerte Fynn.

„Lass dir schnell etwas einfallen."

Und in dem Moment entdeckte auch Fynn Einar, der in einer Wolke aus Sand auf sie zustürmte.

Wachablöse

„Fyyynnn!", brüllte der Kapitän von Weitem.
Unter seinen stampfenden Schritten knirschte
der Sand und staubte nach allen Seiten.
„Nur weil du mein Sohn bist, heißt das nicht,
dass du tun kannst, was du willst! Weißt du
eigentlich, wie lange es dauert, ein Boot zu
bauen, auch wenn es klein ist?"
Fynn starrte auf seine Zehen.
Hilvi schloss die Augen und machte sich
ganz klein.

„Ich habe ihn abgelenkt",
wisperte sie.

„Ruhe!", donnerte Einar
und wandte sich wieder
seinem Sohn zu. „Als ich gesagt
habe, du sollst die Seemannsknoten
am Strand üben, habe ich nicht gemeint,
dass du die Boote losmachen sollst. Es sind
doch genug Pflöcke hier, an denen kein
Boot hängt." Grimmig sah Einar ihn an. „Du
bleibst die nächste Zeit im Dorf. Verstanden?
Damit du Zeit zum Nachdenken hast, wirst
du abwechselnd mit Mika und Thore Wache
schieben. Und Hilvi wird dir Gesellschaft
leisten. Schließlich ist sie nicht ganz
unschuldig."

„Es tut mir leid … ich wollte das nicht",
murmelte Fynn mit hängenden Schultern.

„Na, das wäre ja noch schöner", gab der
Häuptling zurück.

Ein paar Dorfbewohner hatten sich
inzwischen am Strand eingefunden. Auch
Inga, Hilvis und Fynns Mutter, eilte herbei.
Sie raunte Einar zu: „Vielleicht erwischt ihr
das Boot ja noch, hm?"

Einar brummte noch immer wütend vor sich
hin.

Hilvi und Fynn sahen einander zerknirscht
an und übergaben ihrer Mutter die vollen
Körbe.

„Also los, macht euch fertig!", befahl Einar
ihnen, „ihr fangt sofort an. Und trödelt nicht

herum, damit ihr noch vor der Dämmerung beim ersten Wachposten seid!"

„Aber zuerst werden sie etwas essen", widersprach Inga, schulterte die Körbe und gab ihren beiden Kindern ein Zeichen mitzukommen.

Gestärkt gingen Hilvi und Fynn wenig später los. Ganz geheuer war ihnen die Sache nicht, aber was der Häuptling anordnete, galt als Gesetz.

Der Weg führte am Strand entlang. Es dämmerte bereits. Am Kontrollpunkt angelangt, wurden sie von zwei ungehobelten Männern begrüßt.

„Was wollt ihr denn hier?", spottete Mika, eine der Wachen. Er grinste so breit

durch seinen Vollbart, dass man die vielen
Zahnlücken erkennen konnte.

„Habt ihr was ausgefressen?", fragte Thore,
der Glatzkopf.

„Na und?", antwortete Fynn grantig. „Vater
sagt, wir sollen euch helfen."

„Und der Rest geht euch gar nichts an", kam
Hilvi ihrem Bruder zu Hilfe.

„Verstehe", brummte Mika. „Also, das funktioniert hier so. Ihr geht die Insel ab – bis zum nächsten Posten. Dort berichtet ihr, was ihr unterwegs beobachtet habt. Die Wachen schicken euch dann weiter. Und immer schön aufs Meer schauen, wir wollen hier keine ungebetenen Gäste. Kapiert?"

Hilvi und Fynn nickten stumm.

Thore kratzte sich die Glatze.

„Abmarsch!", befahl er.

„Puah! Die beiden sehen nicht nur furchtbar aus", stellte Hilvi fest, sobald sie außer Hörweite waren, und hielt sich die Nase zu.

„Sollen sie wahrscheinlich auch. So flüchten die Angreifer jedenfalls sofort, wenn sie ihnen zu nahe kommen", erklärte Fynn. Er

blickte aufs Meer. „Alles
ruhig", sagte er dann
mit kennerhafter Miene
und setzte seine Haube mit
dem Pelzrand auf, die ihm seine
Mutter in den Gürtel gesteckt hatte.
„Ist dir nicht kalt?"
„Still! Hast du das gehört?", flüsterte Hilvi
und hielt Fynn am Arm fest.
„Da ist nichts. Komm weiter. Bald ist es
dunkel, dann sehen wir trotz Mondlicht
nicht mehr viel."
Hilvi spähte zum Waldrand hinüber.
„Da!", entfuhr es ihr. „Siehst du nicht die
glühenden Augen zwischen den Bäumen?
Jemand beobachtet uns!"

Sie umklammerte Fynns Arm noch fester.

Jetzt wurde es auch Fynn unheimlich.

„Wir laufen einfach zurück", schlug er vor.

Die beiden liefen los.

Auf einmal hörte Fynn Hufgetrappel und warf einen Blick über die Schultern zurück.

„Ein Rentier, es folgt uns! Schneller, Hilvi, schneller!", schrie er.

Mit letzter Kraft schafften sie es nach Midstöd zur Anlegestelle. Dort versteckten sie sich zwischen den Booten.

„Mist!", keuchte Fynn, „ich habe meine Haube verloren. Ich muss sie suchen, sonst gibt es noch mehr Ärger."

„Morgen, Fynn. Ich will nur noch ins Bett", antwortete Hilvi, noch immer außer Atem.

„Dann geh schon mal vor. Ich muss noch etwas erledigen."

Kurze Zeit später klopfte Fynn an Jörnsons Tür. Die Hütte des Erzählers war auch nachts leicht zu entdecken, denn es brannten immer einige Tonschalenlampen dort.
„Schau mal, Jörnson", begann Fynn. „Das habe ich heute gefunden."
Neugierig kam der dünne Jörnson näher.

„Ohhh! Die … G…Götter müssen dich l…
lieben!", rief er aus, nahm Fynn die Münze
aus der Hand und ging damit ans Licht.
Er drehte das Fundstück staunend hin und
her. Dann murmelte er: „W…Wenn das
w…wahr ist … wenn das w…wahr ist …"
„Was?"
„… d…dann hast du eine M…Münze aus
dem verschollenen W…Wikingerschatz
gefunden, hinter dem auch G…Gunnar
her ist."
„Danke!", rief Fynn, schnappte sich
die Münze, verabschiedete sich hastig
und rannte wieder hinaus in die Nacht.

Der Regen prasselte aufs Dach der Hütte,
und Fynn wickelte sich in seine Decke.
„Wusste ich's doch", murmelte er im
Halbschlaf.
Vom Gewitter und dem orkanartigen Sturm
bekam er nichts mehr mit.

Spuren im Sand

Am nächsten Morgen wurde Fynn durch
lautes Gepolter geweckt. Er blinzelte.
Einar stand vor seinem Bett.
„Raus aus dem Lager! Du hast Dienst!"
Fynn rieb sich die Augen.
„Nur noch ganz kurz, Vater", sagte er und
drehte sich auf die andere Seite.
„Nix da! Nach dem Unwetter in der Nacht
sind alle mit Aufräumarbeiten beschäftigt.
Jeder muss mithelfen. Also –
aufstehen und anziehen!"
Draußen wartete Hilvi
bereits auf ihn.
„Ich muss dir was
erzählen", flüsterte Fynn

seiner Schwester ins Ohr. „Es gibt wirklich einen Schatz auf der Insel!"

Er sah sie erwartungsvoll an.

„Seemannsgarn", meinte Hilvi unbeeindruckt und schob sich ein paar Beeren in den Mund. „Komm weiter, wir müssen zum Wachposten", drängelte sie dann und zog Fynn hinter sich her.

Unterwegs berichtete Fynn, was er am Abend davor von Jörnson erfahren hatte.

„Wir werden den Schatz finden. Für Vater. Dann ist er bestimmt nicht mehr böse, sondern echt stolz auf uns."

„Guter Plan an sich. Aber wenn Jörnson Bescheid weiß, kennen sicher noch mehr Leute die Geschichte vom verschollenen

Wikingerschatz. Und warum haben sie
ihn dann nicht gefunden?"

Fynn zuckte mit den Schultern.

„Weil bis jetzt niemand so klug war
wie wir?"

„Weil es ihn gar nicht gibt!", antwortete
Hilvi im Brustton der Überzeugung.

„Blödsinn! Aber wenn du mir nicht helfen
willst, suche ich den Schatz eben alleine."

„Sei doch nicht gleich beleidigt. Ich komme
ja mit."

Sie gingen nebeneinander her und hielten
Ausschau nach feindlichen Booten. Dabei
mussten sie aufpassen, nicht über das vom
Unwetter angespülte Strandgut zu stolpern:
Algen, tote Fische, abgebrochene Äste,

Holzplanken, zerrissene Segel und
kaputte Fässer.
„Wo ist bloß meine Lieblingshaube?", seufzte
Fynn, während er den Boden absuchte.
Hilvi richtete ihren Blick aufs Meer und auf
die Buchten.
„Da!", schrie sie plötzlich und zeigte auf das
Wäldchen am Strand.
„Was?"
„Das Fischerboot!"

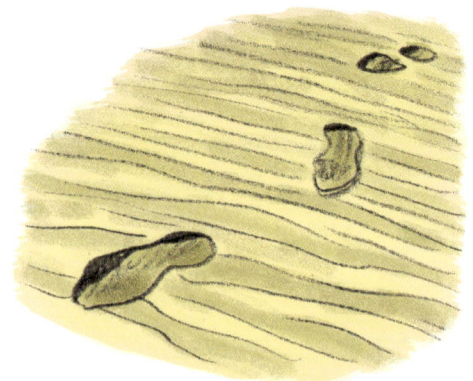

Ohne eine Antwort
abzuwarten, rannte
Hilvi voraus.

Völlig außer Atem holte Fynn sie ein.
Irgendetwas stimmte mit seiner Schwester
nicht. „Was hast du?", fragte er sie.
Hilvi zeigte auf Fußspuren im Sand, die vom
Boot wegführten.
„Piraten!", rief Fynn. „Komm, wir schauen,
wohin die Spuren führen. Und dann
schnappen wir sie uns. Wir sind hier die
Wächter und müssen dafür sorgen, dass
nichts passiert. Oder?"
Hilvi nickte.
Die beiden folgten den Spuren, bis diese vor
einer grün bewachsenen Felswand endeten.

Hilvi suchte den Boden ab.

„Nichts mehr", sagte sie. „Die Spuren hören hier auf."

„Warte", meinte Fynn. „Lass mich mal vorbei." Er tastete die Wand ab, bis er die herunterhängenden Schlingpflanzen wie einen Vorhang zur Seite schieben konnte. Dahinter verbarg sich der Eingang zu einer Höhle.

„Hast du das gewusst?", fragte Hilvi.

„Nein", antwortete Fynn, „ich …"

Ein Geraschel unterbrach ihn.

Hilvi erstarrte. Fynn drehte sich wie in Zeitlupe um. Es knackte, und Hilvi wies mit dem Kopf in die Richtung, aus der das Geräusch kam.

„Ich gehe hier nicht hinein", flüsterte sie.

„Da ist jemand", flüsterte Fynn zurück und drückte sich flach gegen die nasse Felswand. „Bleib da. Ich gehe hinein. Lass mich vorausgehen."

Er schlich ein Stück in die Höhle, bis er drei fremde Männer sehen und hören konnte. Und siehe da, der Kleinste von ihnen trug Fynns verloren geglaubte Haube auf dem Kopf!

„Mit dem Boot können wir nicht mehr zurück", sagte einer von ihnen gerade.

„Egal", sagte der Kleine, der Fynns Haube aufhatte. „Dass uns der Sturm gerade hierher verschlagen hat, ist perfekt."

„Warum?", fragte der Große.

„Keine Ahnung", antwortete nun der Dritte, der ziemlich dick war.

„Ihr seid ja noch dämlicher, als ihr ausseht! Gunnar, der Grimmige, hat gesagt, dass ein verschollener Wikingerschatz hier in Midstöd versteckt ist", erklärte der Kleine.

„Der muss es ja wissen, schließlich ist er unser Häuptling", meinte der Dicke.

Schattenmonster

Fynn ging auf Zehenspitzen zurück zu Hilvi.
„Weg hier", zischte er und zog seine
Schwester an der Hand von der Höhle weg.
„Das sind Männer von Gunnar, dem
Grimmigen."
„Nicht schon wieder! Wir müssen das melden."
„Später, Hilvi."
„Fynn …"
„Vorher denke ich mir aus, wie wir denen
gehörig Angst einjagen können", sagte
er. „Außerdem hat einer von ihnen meine
Haube auf dem Kopf. Die hole ich mir
zurück! Du hast versprochen, mir zu helfen."
„Beim Schatzsuchen, nicht beim
Piratenjagen."

„Das ist ja jetzt dasselbe", sagte Fynn spitz.

Am Heimweg liefen sie Einar in die Arme.

„Na, na, so in Eile? Habt ihr feindliche Boote entdeckt?"

„Äh … nein. Keine feindlichen Boote. Alles gut, Vater", antwortete Fynn, und das war nicht einmal gelogen. Er schubste Hilvi weiter.

Daheim angekommen, bat Fynn seine Schwester, draußen auf ihn zu warten.

Kurze Zeit später stand er mit leuchtenden Augen, einem Rufhorn und einer Knochenflöte in den Händen vor ihr.

„Ich werde sie niederpfeifen, dass ihnen Hören und Sehen vergeht."

Fynn ließ Hilvi keine Zeit für Fragen.

„Wir gehen von der anderen Seite aus zur Grotte", fuhr er fort. „So kommen wir auch leichter hinauf zum Höhleneingang. Aber wir brauchen noch ein Fischernetz und ein Seil. Das holen wir uns aus der Anlegestelle."

„Aye, aye, Fynn."

„Wir werden die drei heute Nacht das Fürchten lehren", sagte Fynn und grinste von einem Ohr zum anderen. „Und wenn wir schon mal dabei sind, wieso nehmen wir nicht gleich alles mit? Du holst zwei Kübel mit Küchenabfällen. Je mehr das Zeug stinkt, desto besser. Und ich kümmere mich inzwischen um das Netz und das Seil.

Wir treffen uns oben auf
der Klippe. Na los!"
"Hör mir mal zu, Fynn.
Das schaffen wir nicht
alleine", gab Hilvi zu
bedenken. "Überhaupt, das Fischernetz –
wie willst du es zur Höhle bringen?"
"Mir fällt schon etwas ein", sagte Fynn, doch
Hilvi schüttelte den Kopf.
"Wir brauchen jemanden, der uns hilft. Wie
wäre es mit Jörnson? Für den ist das sicher
kein Problem."
"Das geht nicht, Hilvi. Jörnson hat Angst vor
der Dunkelheit. Was glaubst du, warum bei
ihm auch nachts das Licht brennt?"
"Egal. Ich frage ihn", entschied Hilvi.

„Ich sag ihm, wenn er mitkommt, kann er beim nächsten Lagerfeuer eine tolle neue Geschichte erzählen!"

Fynn hatte sich das schwere Seil über den Kopf auf die Schultern gelegt, und, um die Hände frei zu haben, die Pfeifen an seinem Gürtel befestigt. Als er nass geschwitzt die Grotte erreichte, war es noch hell.
Hilvi und Jörnson saßen bereits oberhalb der Höhlenöffnung und ließen die Beine baumeln. Die stinkenden Abfallkübel hatten sie griffbereit abgestellt.
Fynn rümpfte die Nase und ließ das Seil neben dem Fischernetz zu Boden gleiten. Dann setzte er sich neben Hilvi.

„Wie hast du das bloß geschafft?", flüsterte er ihr ins Ohr.

„Frag nicht. Es war echt harte Arbeit", gab sie leise zurück.

Während sie darauf warteten, dass es

dunkel wurde, weihte Fynn die beiden anderen in seinen Plan ein.

Endlich brach die Nacht herein. Jörnson blieb oben, um aufzupassen. Fynn und Hilvi stiegen mit dem Rufhorn und der Knochenpfeife hinunter und versteckten sich in einem Winkel der Grotte.

Plötzlich holte Fynn tief Luft und blies in das Horn, was das Zeug hielt. Hilvi fiel gleich mit ein. Sie pfiff und sang so laut und so falsch, dass sich wahrscheinlich sogar Jörnson draußen die Ohren zuhielt.

Den drei Männern schien das Konzert auch nicht zu gefallen. Laut schreiend kamen sie herbeigerannt.

Die Geschwister konnten gerade noch unbemerkt die Höhle verlassen. Kaum steckten die Männer ihre Köpfe durch die Schlingpflanzen ins Freie, leerte Jörnson die vollen Abfallkübel über ihnen aus.

Doch als er das Netz hinterherwarf, waren die Männer schon wieder in der Grotte verschwunden.

„Sch… sch… schade", sagte Jörnson, immer noch zitternd, als Fynn und Hilvi wieder bei ihm waren.

„Macht nichts", meinte Fynn und zupfte sich ein aufgeweichtes Salatblatt aus dem Haar. „Wir befestigen das Netz einfach an den Schlingpflanzen. Drinnen hängt eine brennende Fackel an der Felswand. Ich kann versuchen, sie mit Schattenspielen zu locken, und wenn sie rauswollen, rennen sie direkt ins Netz."

Jörnsons Zähne klapperten.

Trotzdem kraxelte er mit Fynn hinunter und half ihm, das Netz zu befestigen. Ein kleines Eck am unteren Ende ließen sie offen. Fynn schlüpfte hindurch, nahm die Fackel in die Hand und zeichnete furchteinflößende Schattenmonster an die Felswand. Als sich im Inneren der Grotte jedoch nichts rührte, gab er auf.

„Ich denke, die drei haben sich noch tiefer in der Höhle verkrochen. Solche Angsthasen. Wir schauen später wieder vorbei. Jörnson, du bleibst da und passt auf."

Der Erzähler bekam tellergroße Augen und
sperrte den Mund auf.

„G… g… ganz alleine?"

„Das schaffst du schon", ermunterte ihn
Hilvi. „Heute ist Vollmond, da ist es nicht so
dunkel."

Jörnsons Heldentat

Um Mitternacht hatten Fynn und Hilvi ihre
Kontrollrunde erledigt. Am Weg zur Höhle
holten sie Jörnson von seinem Wachposten
ab. Der Erzähler saß stocksteif an einen
Baum gepresst und bebte am ganzen
Körper.

„Du warst sehr tapfer!", lobte ihn Hilvi.

„Los jetzt, wir haben noch etwas zu tun",
drängte Fynn ungeduldig.

Vor dem Eingang zur Grotte angekommen,
schlug Hilvi vor: „Ich gehe mit der Fackel
ein Stück weit in die Höhle hinein. Dann
glauben Gunnars Männer, ein böser Geist
sei ihnen gefolgt, und sie bekommen es

mit der Angst zu tun. Ich scheuche sie
Richtung Ausgang, und dort nehmt ihr sie in
Empfang. Fertig."

„Soll nicht lieber ich …?", begann Fynn.

„Nein", unterbrach ihn Hilvi, „es ist viel
gescheiter, wenn ihr beiden die Kerle
aufhaltet, sobald sie kommen."

„Stimmt", willigte Fynn ein, „dann machen
wir das so." Er gab ihr seine kleine
Handaxt, die er, an seinem Gürtel befestigt,
immer bei sich trug, „für alle Fälle", wie er
zu sagen pflegte.

Hilvi strahlte. „Damit werde
ich gegen die Felswände
schlagen, das macht
ordentlich Lärm!"

Sprach es und wurde auch schon von der Dunkelheit der Höhle verschluckt. Fynn und Jörnson blieben zurück und lauschten auf die widerhallenden Schläge der Axt gegen die Felswand.

„Das macht Hilvi sehr gut", sagte Fynn anerkennend.

Irgendwann wurde es still.

„H… h… hörst du das?", fragte Jörnson nach einer Weile.

„Nein", antwortete Fynn. „Ich höre gar nichts."

„D… d… das meine ich ja. Wo ist sie denn hin?"

Fynn kaute an seinen Fingernägeln. Aus der Höhle drang noch immer kein Laut mehr hervor. Er ging ein paar Schritte weiter hinein. Doch auch hier herrschte nur gespenstische Stille, und Fynn eilte zu Jörnson zurück.

„Wir müssen Hilvi suchen! Entweder hat sie sich verirrt, oder Gunnars Männer … Los komm, Jörnson!"

„I… i… ich kann da nicht hinein. Hilvi hat die Fackel!"

Jörnson schluckte und
schüttelte den Kopf.
„Ich brauche dich aber
da drinnen!", schrie Fynn.
„Was ist denn hier los?",
fragte Thore. Er und Mika waren auf dem
Heimweg von der Wache und blieben
neugierig stehen.
„Man hört dein Gebrüll ja bis zum Strand",
sagte Mika und grinste.
„Meine Schwester ist da drinnen!", rief Fynn
aufgeregt und klärte die beiden schnell
darüber auf, was geschehen war.
„Verstehe", sagte Mika und kramte in
seinem Lederbeutel. „Hier, ich hab noch ein
paar Kienspäne. Das reicht für ein Weilchen

Licht. Ich zünde euch schon mal einen an."

„Macht euch keine Sorgen um Gunnars Männer", meinte Thore und rieb sich hämisch die Hände. „Wir bleiben hier und nehmen sie in Empfang, wenn sie auftauchen!"

„Also?", fragte Fynn und sah Jörnson Hilfe suchend an.

„F… f… für Hilvi", antwortete der, nickte und griff tapfer nach dem brennenden Kienspan.

Fynn und Jörnson marschierten geradeaus in die Höhle hinein, bis sie zu einem See kamen.

„Hilvi? Wo bist du?", riefen sie abwechselnd. Sie lauschten sekundenlang in die Stille,

doch das einzige Geräusch war ihr eigenes
Atmen.

Jörnson entdeckte einen Gang.

„Versuchen wir es", entschied Fynn.

Tiefer und tiefer drangen sie in das
finstere Reich vor. Doch es gab keine
Lebenszeichen, weder von Hilvi noch von
Gunnars Männern.

Jörnson zündete den letzten Kienspan an.

„Wenn wir sie jetzt nicht finden", begann
Fynn leise, „dann …"
In dem Moment legte Jörnson den Finger
auf den Mund. Und da hörte Fynn es auch.
Ein Schluchzen. Es kam aus dem nächsten
Gang.
Jörnson kam als Erster bei der verzweifelten
Hilvi an.
„Ich bin gelaufen", weinte sie, „und dann
ist die Fackel erloschen und ich wusste
nicht mehr weiter. Ich hab alles vermasselt,
oder?"
„Schhh", machte Fynn. „Alles wird gut,
Schwesterlein. Jetzt aber schnell raus hier,
der Kienspan geht bald aus."
Schon von Weitem hörten die drei einen

großen Tumult. Als sie endlich den Ausgang ins Freie erreicht hatten, sahen sie, wie Thore und Mika den Großen und den Dicken mit ihren Fäusten bearbeiteten. Fynn blickte sich nach dem Dritten, dem Kleinen, um. Der wollte sich gerade davonmachen, verfing sich aber im Fischernetz und stolperte. Fynn, Jörnson und Hilvi sprangen auf ihn, und Fynn fesselte ihn mit einem perfekten Seemannsknoten.

„Tu mir nichts! Tu mir nichts!", jammerte der Kleine.

„Da kommt auch schon der Häuptling!", rief Mika und entblößte seine Zahnlücken.

„Vater!", rief Fynn ganz außer Atem. „Wir haben Gunnars Männer gefangen!"

„Dass sich die überhaupt noch hierher
trauen", wunderte sich Einar. „Auf
jeden Fall, mein Sohn, war das sehr
gute Wikingerarbeit. Und mit so einem
schönen Seemannsknoten hast du den Kerl
zusammengebunden. Bravo! Jetzt kommt
mal runter von dem Angsthasen. Der stinkt
ja sogar mir zu viel."

Und Einar lachte, dass sein Bauch wackelte. „Ohne Hilvi und Jörnson hätte es niemals geklappt", sagte Fynn. „Wir drei haben es zusammen geschafft. Und am Ende auch mit Thore und Mika!"

„Gut gemacht", lobte Einar, klopfte seiner Tochter voller Stolz auf die Schulter und reichte Jörnson die Hand. „Wir werden morgen eine Gerichtsverhandlung im Steinkreis abhalten und beraten, was mit den Männern passieren soll."

Am nächsten Tag bei der Versammlung wurden die Strafen für Gunnars Männer ausgehandelt. Außerdem gab Einar einen großen Runenstein in Auftrag. Darauf sollte Jörnsons Heldentat schriftlich verewigt werden.

Das Wichtigste für Fynn war, dass er seine Haube zurückbekam. Nur eine Frage hatte er noch.

„Darf ich die Münze behalten, Vater? Ich habe leider nicht den ganzen Schatz gefunden."

„Sie gehört dir", antwortete Einar. „Ihr beide und Inga seid doch mein größter Reichtum", sagte er und strich Fynn und Hilvi zärtlich über die Köpfe.

Fynn lächelte glücklich und schwor sich insgeheim, den Schatz von Midstöd eines Tages doch noch zu finden.

Suchsel

Finde die 8 versteckten Wörter!

F	W	I	K	I	N	G	E	R	C
S	T	V	W	L	P	T	A	U	K
C	C	M	Ü	N	Z	E	S	A	N
H	W	E	O	F	Q	H	N	B	O
A	X	E	I	K	J	B	O	O	T
T	F	R	R	B	V	P	G	I	E
Z	Q	D	F	A	C	K	E	L	N
J	S	H	M	T	W	H	N	M	A
L	A	G	E	R	F	E	U	E	R

Wikinger, Lagerfeuer, Münze, Meer, Knoten, Boot, Schatz, Fackel

Spiel und Spaß

Schau genau!

Auf dem unteren Bild haben sich 5 Fehler eingeschlichen. Du findest sie bestimmt!

Spiel und Spaß

Richtig oder falsch?
Welche dieser Aussagen stimmt
und welche nicht?

	r	f
Fynn und seine Schwester Hilvi leben im Wikingerdorf Midstöd.		
Fynn findet beim Strandfischen ein magisches Amulett.		
Zur Strafe müssen Fynn und Hilvi beim Fischfang helfen.		
Die Hütte von Jörnson ist auch im Dunklen leicht zu finden, weil dort immer Tonschalenlampen brennen.		
Mit einem Rufhorn und einer Knochenflöte wollen die beiden die feindlichen Wikinger in die Flucht schlagen.		
Hilvi schlägt mit einer Axt an die Felswand, um unheimliche Geräusche zu erzeugen.		
Mit Hilfe von Fackeln leuchten sich Fynn und Jörnson den Weg.		
Fynn fesselt den Großen mit einem perfekten Seemannsknoten.		
Auf einem Runenstein soll Jörnsons Heldentat verewigt werden.		

Was gehört zu wem?
Verbinde richtig!

Fynn

Schwester von Fynn, die ihrem Bruder tatkräftig zur Seite steht.

Häuptlingssohn, der immer auf der Suche nach einem neuen Abenteuer ist.

Jörnson

Hilvi

Wikinger, den man an seinem Vollbart und den Zahnlücken erkennt.

Einar

Thore

Geschichtenerzähler im Dorf, der Angst im Dunkeln hat.

Mika

Häuptling von Midstöd und Vater, der sehr streng sein kann.

Glatzköpfiger Wikinger auf dem Wachposten.

Wikingerwörter

Hier haben sich acht Wörter versteckt,
die gar nicht zur Geschichte passen!
Finde sie und streiche sie durch!

Midstöd   Fischernetz   Schokokugel

Lagerfeuer   Radio   Seemannsknoten

Fackel   Großmutter

Schmuckkästchen

Häuptling   Uferschnecken

Fischerboot

Wikinger   Häuptling

Katze

Monster   Abenteuer

Münze

Amulett   Gitarre

Märchenbuch

Spiel und Spaß

LESEZUG

Sätze verbinden

Hier ist einiges durcheinandergekommen.
Kannst du die Sätze wieder verbinden?

Fynn und Hilvi entdeckten,

Die Hütte von Jörnson war
nachts leicht zu entdecken,

Fynn schlich ein Stück in die Höhle,

Hilvi und Jörnson saßen bereits
oberhalb der Höhlenöffnung

Am Ende war das Wichtigste für Fynn,

und ließen die Beine baumeln.

dass er seine Haube zurückbekam.

denn es brannten immer einige
Tonschalenlampen dort.

dass das Fischerboot auf
dem offenen Meer trieb.

bis er drei fremde Männer sehen und hören konnte.

Gratis auf unserer Website:
Begleitmaterial zum Download für jeden Lesezug-Band!

Übungen zum Textverständnis, Wortschatzübungen, Schreibanlässe, Wörterbucharbeit und vieles mehr – genau angepasst an die jeweilige Schulstufe!

3. Klasse

LESEZUG

Gruseli lernt spuken

Begleitmaterial für den Unterricht

erstellt von
Mag. Doris Ulrich

Deine eigene Geisterschule-Geschichte

Stell dir vor, du gehst auch auf eine Geisterschule!

Wie heißt die Schule und was würdest du dort lernen? Welche Abschlussarbeit würdest du dort machen?

Schreibe eine tolle Geisterschule-Geschichte und zeichne dich selbst als Geist, Vampir, Skelett ...

Fehlende Wörter und Redezeichen

Im folgenden Textabschnitt aus dem 6. Kapitel unterhalten sich Gruseli und Nina. Setze die folgenden Wörter statt dem Wort „sagen" ein. Setze auch die fehlenden Redezeichen ein!

flüsterte   fragte   rief   meinte   antwortete   fragte   jauchzte

Nina lag in ihrem Bett und schlief tief und fest. Huhuuu! _____ Gruseli.

Nichts! Huhuuuu! Diesmal klang es ein wenig lauter.

Nina kuschelte sich in ihre Decke. Bist du das, Großonkel? Muss ich schon aufstehen? _____ sie verschlafen.

Huuuhuuuu! , _____ Gruseli nun so laut, dass er selbst erschrak.

Nina rieb sich die Augen.

Beispielseiten aus dem Band „Gruseli lernt spuken!" von Karin Ammerer

Alle Lesezug-Bücher
sowie Begleitmaterial finden Sie unter

www.lesezug.at

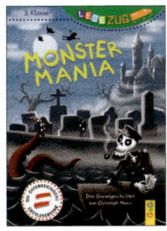

ISBN 978-3-7074-2300-6
3. Klasse, ab 7/8 Jahre

ISBN 978-3-7074-2008-1
3. Klasse, ab 7/8 Jahre

ISBN 978-3-7074-2124-8
3. Klasse, ab 7/8 Jahre

ISBN 978-3-7074-2170-5
3. Klasse, ab 7/8 Jahre

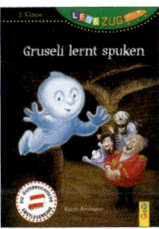

ISBN 978-3-7074-2006-7
3. Klasse, ab 7/8 Jahre

ISBN 978-3-7074-2007-4
3. Klasse, ab 7/8 Jahre

ISBN 978-3-7074-2110-1
3. Klasse, ab 7/8 Jahre

ISBN 978-3-7074-2263-4
3. Klasse, ab 7/8 Jahre

ISBN 978-3-7074-2287-0
3. Klasse, ab 7/8 Jahre

ISBN 978-3-7074-2069-2
3. Klasse, ab 7/8 Jahre

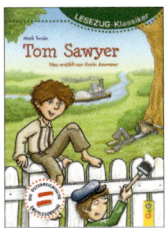

ISBN 978-3-7074-2116-3
3. Klasse, ab 7/8 Jahre

ISBN 978-3-7074-1971-9
3. Klasse, ab 7/8 Jahre

ISBN 978-3-7074-2141-5
3. Klasse, ab 7/8 Jahre

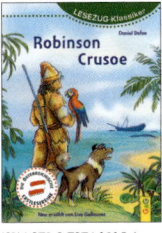

ISBN 978-3-7074-1815-6
3. Klasse, ab 7/8 Jahre

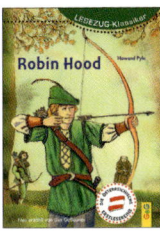

ISBN 978-3-7074-1850-7
3. Klasse, ab 7/8 Jahre

ISBN 978-3-7074-1814-9
3. Klasse, ab 7/8 Jahre

ISBN 978-3-7074-2209-2
3. Klasse, ab 7/8 Jahre